AF305775

ACHILLE

ET

DEIDAMIE,

TRAGEDIE

REPRÉSENTÉE

PAR L'ACADEMIE ROYALE

DE MUSIQUE;

Le vingt-quatriéme Fevrier 1735.

DE L'IMPRIMERIE

De JEAN-BAPTISTE-CHRISTOPHE BALLARD,
Seul Imprimeur du Roy, & de l'Académie Royale de Musique.

M. D C C X X X X V.

AVEC PRIVILEGE DU ROY.

LE PRIX EST DE XXX. SOLS.

ACTEURS
DU PROLOGUE.

LA GLOIRE,   Mlle. Eremans.
MELPOMENE, *Muse*
de la Tragedie.   Mlle. Jullye.
L'AMOUR,   Mlle. Delorge.
APOLLON,   M^r. Cuignier.
TERPSICORE, *Personnage*
pour présider à la Danse.   Mlle. Camargo.
LES GRACES.

Chœurs des Graces, des Plaisirs de la Suite de
  L'AMOUR.
*Chœurs des Muses & des Arts de la suite d'*APOLLON.

PERSONNAGES DANSANTS.

TERPSICORE;

Mademoiselle Camargo;

GRACES ET PLAISIRS;

Mesdemoiselles Thybert, Le Breton, Petit, Saint-
  Germain, Fremicourt, Centuray.
Messieurs Bontemps, Matignon, Dumay, Dupré,
  Hamoche.

ACHILLE
ET
DEIDAMIE.

PROLOGUE.

Le Théâtre repréſente dans l'éloignement, la double colline du Parnaſſe au bas duquel LE PERMESSE environné de ſes Nymphes, et appuyé ſur ſon Urne, laiſſe couler ſes paiſibles eaux. On voit ſur une éminence un Trophée compoſé d'Arcs, de Fleches, de Carquois, de Flambeaux, Attributs de l'Amour; De Lyres, de Tymballes, de Hautbois & de divers autres inſtrumens, Attributs de la Muſique.

Tout cet appareil enrichit un eſpece de Monument, où d'un côté, LA DE'ESSE DE L'HARMONIE, une Lyre à la main, foule aux pieds l'Envie; et de l'autre, ERATO Muſe qui préſide aux Amours, enchaîne la Satyre. Au-deſſus de ce Trophée ſont poſées les Statuës de *Quinault* & de *Lully*, Le Genie des Arts les couronne l'un & l'autre de Myrthes & de Lauriers. Les Muſes, les Graces & les Plaiſirs ſont rangez autour, pour célébrer des Jeux que L'AMOUR & MELPOMENE ont conſacrez à ces illuſtres Fondateurs du Théâtre Lyrique.

PROLOGUE.

Le Theâtre repréſente, &c. cy-contre.

SCENE PREMIERE.

LA GLOIRE.

*Eux Mortels autrefois dans le ſein de la*
France,
 Uniſſant leurs talents divers,
Firent à tous les cœurs reſſentir la puiſſance
Des plus brillants Accords, et des plus tendres Vers;

Ce Monument pompeux élevé par la Gloire,
Au Parnaſſe à jamais aſſure leur memoire :
Je viens avec plaiſir y célebrer le jour
Que leur ont conſacré Melpomene & l'Amour.

SCENE II.

LA GLOIRE, MELPOMENE, L'AMOUR : Les Muses , les Arts , Suite de MELPOMENE : Les Graces , les Plaisirs , Suite de L'AMOUR.

MELPOMENE.

GLoire , qui derobez à l'horreur des ténebres ,
   Les Amants des neuf Sœurs & les Enfants de
Mars ,
Que , même après leur mort , des Monuments célebres
   Les fassent vivre à nos regards.

LA GLOIRE.

Au merite éclatant je rends un juste hommage ,
   Vous ne pouvez trop honorer
Les Mortels , dont icy vous conservez l'Image :
Les merveilleux talents qu'ils firent admirer ,
   Furent votre plus cher ouvrage.

MELPOMENE.

Melpomene en reçut mille nouveaux attraits.

L'AMOUR.

De l'Empire amoureux ils ont vanté les charmes ;
Par des Chants , par des Vers , ils m'ont prêté des armes
   Aussi puissantes que mes traits.

LES CHOEURS.

Que la gloire dont ils jouissent,
Triomphe du pouvoir des temps :
Que pour eux les Lauriers & les Myrthes s'unissent,
Que leurs tombeaux retentissent
Des sons les plus éclatants.

L'Amour va prendre Terpsicore, qui est assise avec les Muses ses Compagnes dans le milieu du Theâtre auprès du Permesse, et luy donnant la main, la conduit sur la Scene, où sont les Graces & les Plaisirs.

L'AMOUR.

Terpsicore, venez, dansez avec les Graces ;
Sur ces riants gazons
Par de legeres traces
Formez l'image de nos sons.

TERPSICORE anime les **GRACES** & les **PLAISIRS**, et commence le Divertissement.

MELPOMENE.

Graces, qui prîtes soin d'embellir ces Genies,
Du Permesse autrefois l'amour & l'ornement,
Aux talents des neuf Sœurs si vous n'êtes unies,
Tout l'Art languit sans agrément :

Vous y mêlez cet air si naturel, si tendre,
Qui seul est en droit de charmer ;
Sans vous, le Savoir peut surprendre,
Mais il ne peut se faire aimer.

LES GRACES.

Venus nous conduit sur ses traces,
Lorsqu'elle veut tout enflamer ;
La beauté n'est rien, si les Graces
Ne s'unissent pour l'animer.

Sans nous, Appollon sur sa lyre
Ne peut trouver de sons flateurs ;
C'est des Graces qu'il tient l'empire,
Qu'il exerce sur tous les cœurs.

On entend une Symphonie

qui annonce A P O L L O N.

L'A M O U R.

Ces concerts, ces traits de lumiere
Du souverain du Pinde annoncent le retour.

M E L P O M E N E.

Après avoir rempli sa brillante carriere,
Il se livre aux doux soins d'une savante Cour.

A P O L L O N descend.

S C E N E I I I.

SCENE III.

APOLLON, LA GLOIRE, MELPOMENE,
L'AMOUR, ET LES CHOEURS.

APOLLON.

TEndre Fils de Venus, aimable Melpomene,
    Rassemblez vos plus doux attraits:
    Je veux aujourd'huy sur la Scene,
D'un Spectacle lyrique ordonner les apprêts.

    Ceux que pour ces Fêtes nouvelles
    J'honore de mon choix,
Penetrez de respect pour de si grands Modeles,
N'oseroient, qu'en tremblant, obéir à mes Loix.

LA GLOIRE, à toutes les Muses.

Muses, de traits riants embellissez l'Histoire,
Par de tendres accords touchez encor les cœurs :
Chantez l'Amour, chantez sa flâme & ses douceurs;
    Mais, faites triompher la Gloire.

APOLLON.

Représentons Achille au printemps de son âge;
    Malgré le charme des plaisirs,
La Gloire fit toûjours ses plus ardents desirs;
Que veut-elle de plus d'un genereux courage ?

                       é

LA GLOIRE, à TERPSICORE.

Votre soin nous est necessaire,
Muse, qui dans nos jeux faites briller vos pas:
C'est quelquefois à vos appas
Qu'un Spectacle nouveau doit le bonheur de plaire.

TERPSICORE forme une Danse de differents caracteres, à la fin de laquelle les Plaisirs & les Graces l'environnent, et la suivent.

LES CHOEURS.

Brillante Gloire, tendre Amour,
Triomphez tour à tour:

Regnez d'intelligence,
Les plus grands cœurs suivront vos Loix:
Que la Gloire les porte à de nobles exploits,
Que par de doux plaisirs l'Amour les récompense.

Brillante Gloire, tendre Amour,
Triomphez tour à tour.

FIN DU PROLOGUE.

Acteurs & Actrices Chantants dans tous les Chœurs du Prologue & de la Tragedie.

CÔTE' DU ROY.   CÔTE' DE LA REINE.

Mesdemoiselles	*Messieurs*	*Mesdemoiselles*	*Messieurs*
Dun.	St. Martin.	Antier-C.	Le Myre.
Cartou.	Lefebvre.		Morand.
Delorge.	Louette.	Thetelette.	Deserre.
	Marcelet.		Thurier.
Ducoudray.	Deshais.	Charlard.	Dautrep.
	Buseau.		Lasalle.
Goussier.	François.	Lavalée.	Duchesne.
	Duplessis.		Houbault.
Marielle.	Combault.	Deshaigles.	Fel.
Bourbonnois-L.	Rochette.	Bourbonnois-C.	Bourque.

On vient de donner les XII. XIII. & XIV. Volumes *In-douze* du Recueil general des *Opera*. On les vend ensemble 9. liv. ou 7. liv. 10. sols en blanc.

On ne vend le Recueil complet des Quatorze Volumes, que 35. livres.

On vend de même les Quatorze Volumes d'*Amusements de Musique.*

ACTEURS
DE LA TRAGEDIE.

ACHILLE, *Fils de* THETIS, *Roy de Thes-*
salie, encore caché dans l'Isle de Scyros, parmi
des Bergers, sous le nom de POLEMON, *Amant*
de DEIDAMIE.   Mʳ. Chassé.

DEIDAMIE, *Fille de* LICOMEDE,
*Roy de Scyros, Amante d'*ACHILLE. Mˡˡᵉ· Le Maure.

THETIS, *Déesse de la Mer, Sœur*
de LICOMEDE, *et Mere d'A-*
CHILLE.   Mˡˡᵉ· Antier.

LICOMEDE, *Roy de Scyros,*
Pere de DEIDAMIE.   Mʳ. Dun.

DIRCE', }   Mˡˡᵉ Jullye.
CARITE, } *Suivantes de* DEIDAMIE   Mˡˡᵉ· Monville.

ULISSE, *Roy d'Itaque, envoyé*
par les Princes de la Grece pour
chercher ACHILLE.   Mʳ. Tribou.

ARCAS, *Guerrier, de la Suite*
*d'*ULISSE.   Mʳ. Dun.

CHOEURS *de Nereïdes, de Tritons, de Syrenes*
& d'autres Divinitez de la Mer.

ACTEURS DE LA TRAGEDIE.

LES SYRENES, M^elles. Fel, Dun, Monville.

CHOEURS de Chasseurs & de Chasseresses
   de la Cour de DEIDAMIE.

UN CHASSEUR.   M^r. Dumast.
UNE CHASSERESSE.   Mlle. Fel.

CHOEURS de Bergers & de Bergeres
   dans le Temple de l'AMOUR.

UN BERGER.   M^r. Jelyot.
AUTRE BERGER.   M^r. Dumast.
UNE BERGERE.   Mlle. Fel.

CHOEURS de Thessaliens & de Matelots, Hommes & Femmes, qui
   viennent reconnoître ACHILLE.

UN THESSALIEN.   M^r. Jelyot.
UNE THESSALIENNE.   Mlle. Fel.

MINERVE, Déesse Protectrice des
   Grecs.   Mlle. Delorge.

LA VICTOIRE, ⎱ Divinitez suivantes Mlle. Jullye.
BELLONNE,   ⎰ de MINERVE.   Mlle. Fel.

VULCAIN, Personnage muet,
   servant seulement à l'action Theâtrale.

CHOEURS des Cyclopes, des Suivants de MINERVE,
   de LA VICTOIRE & de BELLONNE.

La Scene est dans l'Isle de Scyros.

PERSONNAGES DANSANTS
dans la Tragedie.

PREMIER ACTE.

TRITONS ET NEREIDES;

Monsieur D-Dumoulin;

Messieurs F-Dumoulin, P-Dumoulin, Malter-L.,
Hamoche.

Mesdemoiselles Le Breton, Thybert, Petit,
Saint-Germain, Fremicour.

SECOND ACTE.

CHASSEURS ET CHASSERESSES;

Monsieur Malter-3.;

Mademoiselle Mariette;

Messieurs Bontemps, Javillier, Savar, Dumay,
Dupré.

Mesdemoiselles Petit, Thybert, Rabon, Carville,
Durocher.

TROISIE'ME ACTE.

BERGERS ET BERGERES;

Monsieur Javillier-L.;

Messieurs Malter-3., Dangeville, Bontemps,
Malter-L.; Hamoche, Matignon.

Mesdemoiselles Mariette, Le Breton, Petit, Thybert,
Fremicourt, Saint-Germain.

QUATRIE'ME ACTE.

THESSALIENS ET MATELOTS,
Hommes & Femmes;

Monsieur D-Dumoulin, Mademoiselle Camargo;

Messieurs Bontemps, Matignon;

Messieurs Malter-L., Hamoche, F-Dumoulin,
P-Dumoulin.

Mesdemoiselles Binet, Centuray, Fremicourt,
Saint-Germain.

CINQUIEME ACTE.

CYCLOPES;

Monsieur Dupré;

Messieurs Malter-C. , Savar , Dumay , Dupré,
Javillier-C.

SUIVANTES DE BELLONE
& de LA VICTOIRE;

Medemoiselles Mariette, Rabon, Carville , Petit,
Durocher.

ACHILLE

ACTE PREMIER.

Le Theâtre repréfente des Hameaux & des Prairies
d'un côté ; de l'autre, des Bois & la Mer
dans l'éloignement.

SCENE PREMIERE.
LICOMEDE, THETIS.
LICOMEDE.

Voy ! parmy des Bergers, dans ce champêtre
azile,
Efperez-vous, à tous les yeux
Sous un nom fupofé cacher le jeune Achille ?
Thetis, tout montre en luy qu'il eft du fang des Dieux.

THETIS.

Un Oracle a prédit..... Ah ! j'en fremis encore,
Qu'aux rivages Troyens mon Fils perdroit le jour ;
Pardonnez à mon tendre amour,
Le trouble affreux qui me dévore.

A

Vous le ſavez ; les Grecs ont juré le trépas
Du lâche Raviſſeur d'Helene,
Ils veulent que mon Fils, qu'ils ne connoiſſent pas,
S'arme pour ſeconder leur haine.

Aimable & cher Objet qui cauſes mon effroy,
Que ne ſuis-je ſoûmiſe à la Parque cruelle,
Puiſque tu dois ſubir ſa loy ?
Helas ! puis-je cherir ſans toy,
Le triſte honneur d'être immortelle ?

LICOMEDE.

Vôtre amour eſt pour vous une ſource de pleurs ;
Que les cœurs tendres ſont à plaindre !
Devroit-t-on prévoir les malheurs ?
C'eſt déja les ſentir, que d'avoir à les craindre.

Ma Sœur, je regne ſur ces bords,
Pour ſauver vôtre Fils, uniſſons nos efforts :
Cachons-luy quel ſang le fit naître,
Craignons, s'il vient à ſe connaître,
Un courage trop vif, trop prompt à s'allumer :
Par l'attrait des plaiſirs cherchons à le calmer.
Aux charmes de l'Amour ſeroit-il inſenſible ?

THETIS.

Vôtre Fille ſouvent chaſſe dans ces Forêts,
Il la cherche, il la ſuit ; non, il n'eſt pas poſſible
Qu'Achille, ſans aimer, ait pû voir tant d'attraits

TRAGEDIE

THETIS ET LICOMEDE.

Tout l'effort d'un cœur intrepide
Ne peut le garentir des traits de la beauté :
Un doux regard soûmit Alcide,
Que mille affreux perils n'avoient point arrêté.

ACHILLE, qui n'est encore connu que sous le nom
de POLEMON, sort de la Forêt en révant, & y rentre
dans le moment.

THETIS.

Mon Fils paroît : il réve ! une sombre tristesse
Semble l'attirer dans ces Bois ;
Les Syrenes suivent mes loix,
C'est par leur voix enchanteresse,
Que je puis dissiper le trouble où je le vois.

LICOMEDE & THETIS sortent.

SCENE II.

ACHILLE. sous le nom de POLEMON.

ACHILLE.

DEsirs ambitieux que la Gloire m'inspire,
Ne vous opposez pas à l'amour que je sens :
Par l'ardeur de mes feux naissans
Vous prenez sur moy plus d'empire.

A ij

Que l'espoir seulement soit permis à mes feux,
Il rendra mon bras invincible:
Mon cœur trouvera tout possible,
Pour meriter l'Objet où s'élevent mes vœux.

Desirs ambitieux que la Gloire m'inspire,
Ne vous opposez pas à l'amour que je sens:
Par l'ardeur de mes feux naissans
Vous prenez sur moy plus d'empire.

Languiray-je toûjours dans mon obscurité?
Dieux immortels, faites cesser ma plainte.

THETIS paroît sur le bord de la Mer.

Je vois Thetis; parlons, une Divinité
Me donne du respect, sans m'inspirer de crainte.

SCENE III.

ACHILLE, THETIS.

ACHILLE.

DEesse, quelquefois vous daignez m'honorer
D'un regard favorable:
Victime d'un sort déplorable,
Souffrez que devant vous j'en ose soupirer.

THETIS.

Vôtre respect sincere
Doit engager Thetis à contenter vos vœux :
Les Dieux feront toûjours leur gloire la plus chere
De rendre les Mortels heureux.

ACHILLE.

Les Dieux ne m'ont donné qu'une obscure naissance,
Mais, par mes sentiments je puis la démentir ;
Aprouvez mes desseins, et faites-moy sortir
De cette oisiveté dont ma valeur s'offense.

Les Lyons & les Ours, la terreur des Forêts,
Ont assez éprouvé mes traits ;
Ne pourrai-je chercher une gloire plus belle?
N'est-il plus de Tyrans dans ce vaste Univers,
Dont il faille punir l'audace criminelle,
Par le trépas ou par les fers?

N'ay-je reçû tant de courage,
Que pour rester dans ces deserts?
Puisque vous commandez aux Mers,
Daignez m'en ouvrir le passage.

THETIS.

Polemon, quels sont vos desirs!
Ce séjour a pour vous mille innocens plaisirs.

Les beaux jours de vôtre vie
Coulent dans un calme heureux :
Les grandeurs qui font envie
Cachent des écueils affreux.

ACHILLE.

Suis-je né pour vivre tranquile ?
Mon unique defir eft d'illuftrer mon fort :
Au bien de l'Univers une vie inutile
Vaut-elle une brillante mort ?

Près du Trône des Rois, où mon penchant m'entraîne,
Je pourrois fignaler mon nom.

THETIS.

Une gloire fi vaine
Devroit-elle enflamer le cœur de Polemon ?

Contemplez ces Mers que l'orage
Laiffe rarement en repos ;
Quand les Vents déchaînez y foulévent les flots,
C'eft de la Cour des Rois une effrayante image.

On entend une Symphonie vive qui annonce
les Tritons & les Nereïdes.

Les Nymphes, les Tritons s'affemblent fur ces bords.

Une Symphonie douce annonce les Syrénes.

Ecoûtez ces tendres accords !

Apprenez des Dieux même,
Que la tranquilité fait le bonheur fuprême.

SCENE IV.

THETIS, ACHILLE, les SYRENES, les TRITONS & les NEREIDES.

CHOEURS.

REgnez, charmant Plaisir, regnez dans ces
  beaux lieux;
Vous faites le bonheur de la Terre & des Cieux.

LES SYRENES.

Le Maître du celeste Empire
Se lasse de trop de splendeur;
Quand il vient sur la terre oublier sa grandeur,
C'est le seul Plaisir qui l'attire.

CHOEURS.

Regnez, charmant Plaisir, &c.

LES SYRENES.

Mortels, vos plus beaux jours d'une course rapide
A leur terme fatal vont se précipiter:

Si vous voulez en profiter,
Prenez le seul Plaisir pour guide.

Le Chœur des Nereïdes repete les deux
derniers Vers.

THETIS.

Jeunes Cœurs, en fuyant l'amour & ses attraits,
Ne vous exposez pas à de-tristes regrets.

Souvent une crainte frivole
Vous fait perdre vos plus beaux jours :
Tandis qu'on resiste aux Amours,
Le temps heureux d'aimer s'envole.

A la fin du Divertissement, on entend des Cors
de Chasse, ACHILLE paroît impatient de se rendre où ce bruit l'appelle.

THETIS, à ACHILLE.

Ce bruit a pour vous des appas ?

ACHILLE.

C'est-là le plaisir qui m'enchante.

THETIS.

Allez, à vos desirs je ne m'oppose pas,
Puisse cette guerre innocente
Occuper seule vôtre bras.

FIN DU PREMIER ACTE.

ACTE II.

ACTE SECOND.

Le Theâtre repréfente une Foreft ; dans le fond,
fous des Arbres qui s'élevent en berceaux , on
voit une Statuë de D I A N E , environnée de quel-
ques N I M P H E S à qui elle remet fon Arc & fon
Carquois, pour fe repofer des fatigues de la Chaffe.

SCENE PREMIERE.

DEIDAMIE, DIRCE', CARITE.

DIRCE'.

Es faveurs de Diane ont rempli nôtre attente.

Dirce & Carite.

Un Monftre, qui dans ces Forefts
Des plus hardis Chaffeurs brava long-tems les traits,
N'y répandra plus l'épouvante.

B

CARITE.

Un Berger s'est armé pour nous ,
Et d'un si beau triomphe a seul toute la gloire !

DEIDAMIE, à part.

C'est Polemon !

DIRCE'.

Loin d'en être jaloux ,
Nos Chasseurs à l'envi célebrent sa victoire.

DIRCE' ET CARITE.

Une noble fierté qui brille dans ses yeux ,
Ses graces , sa valeur reparent sa naissance :
Tel Apollon banni des Cieux
D'un Berger autrefois emprunta l'apparence.

DEIDAMIE.

Allez, éloignez-vous : attendez que ma Cour
Vienne au pied de Diane apporter notre hommage ,
Je veux seule dans ce séjour
Chercher quelque repos sous cet épais feüillage.

DIRCE' & CARITE.

SCENE II.
DEIDAMIE.

OSes-tu pénétrer les troubles de ton cœur ?
  Malheureuse Deïdamie,
Tu nourris dès long-tems une fatale ardeur,
  Qui fait le tourment de ta vie.
Fille d'un Roi puissant dont Thetis est la sœur,
  Rougis de ta foiblesse extrème :
  Helas ! s'il faut que ton cœur aime,
Dois tu dans un Berger te choisir un vainqueur ?
Un Berger ! c'est en vain que Thetis elle-même,
  Pour un Mortel se laissant enflamer,
  Fit voir que, pour aimer,
On descend quelquefois de la grandeur suprème,
Puis-je aimer un vainqueur que je n'ose nommer ?
  Amour, il y va de ta gloire
De mieux choisir les traits dont tu veux nous blesser,
  Ah ! du moins tu nous dois laisser
La douce liberté d'avoüer ta victoire.

Un Objet dangereux me suit dans ces Forêts,
Chaque jour par ses yeux son ardeur se déclare,
Pourois-je renfermer mes sentimens secrets,
S'il osoit oublier tout ce qui nous separe ?
  Que vois-je ? il porte ici ses pas !
Fuyez, Amour ; Fierté, ne m'abandonnez pas.

****

SCENE III.
DEIDAMIE, ACHILLE.

DEIDAMIE.

*B*Erger, tout retentit du bruit de votre gloire.

ACHILLE.

Princesse, je rends grace aux Dieux,
Du bonheur qui suit ma victoire,
Elle a pû m'attirer un regard de vos yeux !

DEIDAMIE.

Ma Cour avec transport vante votre courage.

ACHILLE.

Par de plus nobles coups que n'a-t'il éclaté ?
Un adorable Objet, que malgré moi j'outrage,
Pardonneroit peut-être à ma témerité.

DEIDAMIE.

Que dites-vous ?

ACHILLE.

Nourri dans ce séjour sauvage
J'ignore de qui je suis né ;
Mais mon cœur en secret m'est un sûr témoignage,
Qu'aux plus nobles exploits le Ciel m'a destiné.

Qu'il ouvre à mes desirs une digne carriere,
J'y vole, et ma valeur promte à se signaler,
Peut aux yeux de la terre entiere,
Faire aprouver les feux, dont je me sens brûler.

DEIDAMIE.

Vos feux !

ACHILLE.
J'ay trop souffert à les dissimuler.

Vous offrez à nos yeux une brillante image
De la Déesse de ces Bois :
Helas ! souvenez-vous, qu'un Berger autrefois
Osa luy presenter ses vœux & son hommage.

DEIDAMIE.
Quel discours ! puis-je l'écoûter ?
Allons......

ACHILLE.
Un seul instant daignez vous arrêter.

Le Ciel, qui me refuse une illustre naissance,
M'a fait, du moins, un cœur au-dessus de mon sort :
Jugez-en, puisqu'enfin j'ay rompu le silence,
Et que, sans m'allarmer, j'ose attendre la mort.
C'est assez long-tems vous contraindre ;
Princesse, ordonnez mon trépas,
J'appris dès mon enfance à ne le jamais craindre,
Je ne le cele plus, j'adore vos appas.

DEIDAMIE.
Quel aveu! dans mon rang, est-ce assez de m'en plaindre?
Un Berger !

ACHILLE.
Ce nom seul peut me rendre odieux,
Mais les sentimens de mon ame,
S'ils pouvoient paroître à vos yeux,
Justifiroient l'aveu que je fais de ma flâme.

Dans un rang glorieux
Les Dieux devoient me faire naître :
De me choisir un nom si je ne fus pas Maître,
Est-ce à moy d'en rougir ? c'est la faute des Dieux.

DEIDAMIE.

Ô Ciel !

ACHILLE.

Pour s'élever à la grandeur suprême,
La Vertu, la Valeur n'ont-elles plus de droits ?
N'est-ce donc que le sang qui peut former des Rois,
Et les parer du diadême ?

DEIDAMIE.

Pour l'éclat des grandeurs vôtre cœur fait des vœux,
De nos desirs secrets quelle est la difference !
Ah ! parmy des Bergers si j'avois pris naissance,
Mon destin seroit plus heureux.

ACHILLE.

Qu'entends-je ? quel transport s'empare de mon ame !
Croirai-je ?

DEIDAMIE.

On vient : contraignez-vous,
Polemon, j'ay vû vôtre flâme,
Et vous ne voyez pas éclater mon couroux.

SCENE IV.

Toutes les Suivantes de DEIDAMIE en habit de Chasseresses, un Arc à la main, et un Carquois sur l'épaule, avec une Troupe de Chasseurs, se rassemblent auprès de la Statuë de DIANE, et font le Divertissement par des Danses & des Chants caracterisez.

ACHILLE, DEIDAMIE, CHOEURS DE CHASSEURS.

LE CHOEUR.

Que le son du Cor nous seconde,
De nos brillants Concerts remplissons ces Forests :
   Du fond de tes antres secrets,
   Echo, que ta voix nous réponde.

             Le Divertissement commence.

UN CHASSEUR.

   Du moment que l'Aurore
   Vient dorer nos Coteaux,
   Et preparer à Flore
   Des ornemens nouveaux :

   La Chasse nous entraîne,
   Pour remplir nos loisirs,
   Et nous fait d'une peine
   Le plus doux des plaisirs.

UNE CHASSERESSE.

Une Guerre innocente,
Fruit charmant de la Paix,
Va glacer d'épouvante
Les Hôtes des Forests :

Caché sous des ombrages,
Pour nous vaincre à son tour,
L'Amour dans ces Boccages
Attend nôtre retour.

Le Divertissement continuë.

DEIDAMIE.

Auprès du Roy le devoir me rappelle :
Les Danses & les Jeux qu'anime vôtre zele,
Ont souvent amusé mes yeux ,
Mais aujourd'huy, j'y trouve une douceur nouvelle,
Et je pars à regret de ces aimables lieux.

FIN DU DEUXIEME ACTE.

ACTE III.

ACTE TROISIEME.

Le Theâtre repréſente un Temple de l'Amour, em-
belli de diverſes Statuës des Heros & des Dieux
qu'il a ſoûmis à ſon pouvoir. Aux pieds de ſa
Statuë qui eſt au milieu, paroît un Autel orné
de Houlettes, de Pannetieres, de Hautbois, de
Muſettes & de Guirlandes de fleurs, hommages
que les Bergers ont rendus à l'Amour.

SCENE PREMIERE.

ULISSE, ARCAS portant dans ſes mains
un bouclier & une épée.

ULISSE.

Ien, ſuis mes pas : tu vois un Temple de
l'Amour:
Les Bergers des lieux d'alentour
Doivent s'y raſſembler, pour célébrer les charmes
Du Dieu qui captive les cœurs;
Sur cet Autel paré de guirlandes de fleurs,
Va poſer ces brillantes armes.

C

ARCAS, *après avoir posé l'Epée & le Bouclier sur l'Autel de l'Amour.*

Vos ordres sont suivis : ne pourray-je savoir
Le projet que médite Ulisse ?

ULISSE.

Pour obéïr aux Grecs, et remplir leur espoir,
Je vais employer l'artifice ;
Animez d'un juste couroux
Nous allons, par le fer, vanger l'Epoux d'Helene ;
Mais, nôtre attente sera vaine,
Si le fils de Thetis ne combat avec nous.

Nous demandons le jeune Achille,
Que sa Mere en ces lieux prend soin de nous cacher,
C'est parmi les Bergers de ce rustique azile,
Qu'envoyez par Calchas, nous devons le chercher.

ARCAS.

Croyez-vous qu'attiré par l'éclat de ces armes,
Il va se trahir à vos yeux ?

ULISSE.

Ces ornemens guerriers auront pour lui des charmes,
Puisqu'il est né du sang des Dieux.

ENSEMBLE.

Venez, volez, Gloire immortelle,
Ne permettez pas qu'un Heros,
Quand la Victoire l'appelle,
Languisse dans le repos.

ULISSE.

Eloignons-nous : il faut attendre
L'inſtant d'executer ce que j'oſe entreprendre.

ULISSE & ARCAS ſortent du Temple.

SCENE II.

DEIDAMIE,

Après avoir contemplé les Conquêtes de L'AMOUR,
qui ſont peintes dans le Temple.

Dans ce Temple ſacré rien ne s'offre à mes yeux,
    Qui ne me parle de ta gloire,
    Amour, avec les plus grands Dieux,
Te m'y viens enchaîner au char de ta Victoire,
    Que tes fers me ſont précieux !

    Injuſte Tiran d'un cœur tendre,
Fierté, ne venez plus me reprocher mon choix ;
Aux autels de l'Amour, vôtre importune voix
    Pourroit-elle ſe faire entendre ?

SCENE III.

DEIDAMIE, THETIS.

DEIDAMIE.

DEesse, j'ay suivi vos ordres souverains,
Vous avez en ces lieux souhaitté ma présence;
 Aux àutels d'un Dieu que je crains,
Je viens vous assurer de mon obéissance.

THETIS.

Pourquoi redoutez vous l'Amour?
A ses aimables traits chacun céde à son tour.

Pour faire cesser vos allarmes,
Ecoûtez les Bergers de ce riant séjour;
 Dans les Hameaux, mieux qu'à la Cour,
Des tendres sentimens on connoit tous les charmes.

Aujourd'hui Polemon doit présider aux jeux.

DEIDAMIE, à part.

Polemon!

THETIS.

Ce trouble m'étonne!
Princesse, mon desir est de combler vos vœux,
Ne dissimulez plus, parlez, je vous l'ordonne.

DEIDAMIE.

Ah! ne m'ordonnez point un aveu trop honteux.

Je céde une indigne victoire,
Sans oser m'armer de rigueur;
Amour, tu ne devois, hélas! blesser mon cœur,
Que de concert avec ma gloire.

THETIS.

Vous aimez Polemon?

DEIDAMIE.

        J'en rougis à vos yeux,
Vous allez condamner les troubles de mon ame.

THETIS.

Non, l'Hymenée un jour, auprès des plus grands Dieux,
Peut justifier vôtre flâme.

Quand mon cœur se laissa toucher,
Je fis céder ma gloire à mon amour extrême:
Oserois-je vous reprocher
Ce que j'ai ressenti moi-même?

L'Objet de vôtre amour brûle des mêmes feux?

DEIDAMIE.

A travers ses respects, j'ay connu sa tendresse.

THETIS.

      A ce qui peut le rendre heureux,
Plus que vous ne pensez, mon ame s'interesse.
Cédons au Dieu charmant qu'on adore en ces lieux.

ENSEMBLE.

Amour, tes traits victorieux
Rendent de tous les cœurs la resistance vaine:
Il n'est point de Mortels qui ne portent ta chaîne,
Et triomphes même des Dieux.

On entend une Symphonie Champêtre.

THETIS.

Du doux son des Musettes,
J'entends de toutes parts retentir ces retraites.

Les BERGERS & les BERGERES viennent célébrer une Fête
galante, et danser devant l'Autel de l'Amour.

✸✸✸✸✸✸✸✸✸✸✸✸✸✸✸✸✸✸✸✸✸✸✸✸✸✸✸✸✸✸✸

SCENE IV.

THETIS, DEIDAMIE,

ACHILLE conduisant les BERGERS & les
BERGERES Chantants & Dansants.

ACHILLE, aux BERGERS.

CHantez dans ce brillant séjour,
Vous avez, pour témoins de vos galantes Fêtes,
Les plus beaux yeux par qui l'Amour
Puisse s'assurer des conquêtes.

LES CHŒURS repetent ces quatre Vers, et le Divertissement commence.

UN BERGER.

Fuyez, Fortune legere,
Vous ne tentez point nos cœurs :
Un regard de ma Bergere
M'est plus cher que vos faveurs :

Son cœur sensible s'engage
A m'être toujours constant ;
A qui vous rend son hommage,
En promettez vous autant ?
UNE BERGERE.
Dieu charmant, regne sur nos ames,
Fais ta gloire de nos plaisirs :
Nous t'offrons pour encens les plus tendres soupirs,
Et pour victime , un cœur penetré de tes flames.

UN BERGER ET UNE BERGERE.
Amour, nos Musettes,
Nos Hautbois
Sont les interprêtes
De tes douces Loix.
LE BERGER.
Sans cesse ton Temple
Retentit de nos sons,
De la fidelité, nos chants font des leçons,
Nôtre cœur en sert d'exemple.
LA BERGERE.
Nous rapellons l'innocence,
La bonne foi, la constance
De l'âge d'or :
Parmi nous la bouche encor
Parle, comme le cœur pense.
ENSEMBLE.
Amour , nos Musettes, &c.

Après le Divertissement ACHILLE s'aproche de l'Autel, où le BERGERS & les BERGERES doivent porter les guirlandes & les fleurs dont ils sont parez.

ACHILLE, aux BERGERS.

Aux autels de l'Amour apportez vôtre hommage.

En approchant de l'Autel, et voyant les armes qui y sont posées.

Quel éclat a frappé mes yeux!

Après avoir pris les armes sur l'Autel.

Amour, de ta faveur cette Epée est le gage,
Qu'il flatte un cœur ambitieux !

Devien la source de ma gloire,
Par ce fer qui m'est destiné,
Je n'aspire à chercher l'éclat de la victoire,
Que pour être amant fortuné.

ULISSE paroit dans le fond du Théatre parmi la foule des BERGERS, parle à ACHILLE, et l'enmene.

THETIS.

Que j'éprouve un cruel suplice !
Eloignez-vous, Bergers : Princesse, suivez-moi.
O Ciel ! je viens de voir Ulisse,
Mon cœur en est saisi d'effroi.

FIN DU TROISIEME ACTE.

ACTE IV

ACTE QUATRIE'ME.

Le Theâtre repréſente le Camp des Theſſaliens
& des autres Grecs , qui ont accompagné
ULISSE dans l'Iſle de Scyros.

SCENE PREMIERE.

ACHILLE, ULISSE.

ACHILLE.

*H! que venez vous de m'apprendre!*

ULISSE.

Hâtez-vous , rempliſſez vos deſtins glorieux ,
C'eſt par vous qu'Ilion doit être mis en cendre.

ACHILLE.

Je connois mon devoir : vous m'avez fait entendre,
Que mon ſang eſt le ſang des Dieux....

D

J'avoûrai pourtant ma foiblesse,
Soyez témoin des pleurs qui coulent de mes yeux :
Brûlé du plus beau feu, j'adore la Princesse,
Pourrai-je, sans mourir, m'éloigner de ces lieux ?

ULISSE.

Les Dieux ne m'ont point fait une ame
Insensible aux tendres ardeurs :
Je sçais ce qu'une belle flâme
Prend d'empire sur les grands cœurs.

J'aime, et je suis aimé ; qu'il m'étoit doux de vivre
Près de l'Objet de mes desirs !
Mais la Gloire aujourd'hui m'ordonne de la suivre,
J'arrache mon cœur aux plaisirs.
J'ai quitté l'Objet qui m'engage,
Achille voudroit-il montrer moins de courage ?

ACHILLE.

Seigneur, je ne resiste plus,
Mon cœur fait contre vous des efforts superflus.

ULISSE.

Pour nous retenir dans ses chaînes,
Par l'espoir des plaisirs, l'Amour vient nous flatter :
C'est la voix des Syrenes
Qu'il est dangereux d'écouter.

ENSEMBLE.

Allons, partons, courons aux armes,
La gloire, le devoir, tout doit nous animer,
Allons, partons, courons aux armes :
Dans le sein de la paix un Heros peut aimer,
Mais, quand Bellone vient l'armer,
Pour lui l'Amour n'a plus de charmes.

ULISSE.

Que j'aime les transports que vous me faites voir !
Qu'il sont dignes du sang dont vous prîtes naissance !
C'est assez qu'un Heros connoisse son devoir,
Exciter sa valeur, c'est lui faire une offense.

Contre un indigne Ravisseur
Heureuse Grece, enfin tu vois ton défenseur.

ENSEMBLE.

Fremi, tremble, Ennemi perfide,
Nous allons punir tes forfaits :
La fureur prépare les traits
De la vangeance qui nous guide.

ULISSE.

D'un peuple que le Ciel soumit à vôtre loy,
Les vaisseaux sont près du rivage ;
Des Sujets dignes de leur Roy,
Par mes soins à l'instant viendront vous rendre hom-
mage.

SCENE II.

ACHILLE.

DEidamie !.. hélas ! ces hommages pompeux
Devroient-ils me flatter, quand je perds ce que
j'aime ?
Peut-on, sans une erreur extrême,
Jusqu'au Trône élever ses vœux ?
De sa propre grandeur esclave malheureux,
Un Roy cesse d'être à lui-même.

THETIS paroit au fonds du Theâtre.

Je vois Thetis, qu'en ce moment
Mon cœur se sent flâté d'un tendre mouvement !

SCENE III.

THETIS, ACHILLE.

ACHILLE.

DEesse... le respect vient encor me défendre
De vous donner un nom plus doux,
Il veut que j'apprenne de vous
Ce qu'Ulisse m'a fait entendre.

THETIS.

Mon Fils, n'en doutez plus, vous savez vôtre sort.

ACHILLE.

O Ciel ! je suis Achille, et Thetis est ma mere !

THETIS.

Par mes égards pour vous sur ce paisible bord,
Vous auriez dû souvent pénetrer ce mistere.

ACHILLE.

Eh ! pourquoi me cacher mon rang ?
Mon devoir n'est-il pas d'en soutenir la gloire ?
Quel noble effort, quelle victoire
A fait à l'Univers connoître vôtre sang ?

THETIS.

Vôtre valeur, mon Fils, a causé mes allarmes,
Un Oracle a prédit, que l'éclat de vos armes
Effaceroit le nom des plus fameux Guerriers ;
Mais, de vôtre destin la rigueur ennemie,
Parmi des moissons de lauriers,
Au printems de vos jours menace votre vie.

Demeurez en ces lieux, dissipez mon effroi...
Une mere en pleurs vous en presse.

ACHILLE.

Ah ! prouvez-moi vôtre tendresse,
Par un conseil plus digne & de vous & de moi :

Les cœurs formez pour la Victoire,
A son éclat bornent leurs vœux ;
De longs jours ne sont rien pour eux,
S'ils ne sont marquez par la Gloire.

THETIS.

Je le vois ; mes douleurs ne peuvent vous toucher,
Un seul secours me reste encore,
Je cours à l'instant le chercher,
Vous verrez la Beauté que vôtre cœur adore.

ACHILLE.

Juste Ciel ! qu'allez vous tenter ?
Mon cœur à vos soupirs est déja trop sensible.

THETIS.

Il ne sera pas inflexible,
La nature & l'amour pourront vous arrêter.

Elle sort.

ACHILLE.

Le seul péril qui m'épouvante
Va se présenter à mes yeux !
Pourrai-je soutenir, Grands Dieux !
Les frayeurs d'une Mere, et les pleurs d'une Amante ?

S C E N E. IV.

ACHILLE, ULISSE conduifant les Theffaliens qui viennent reconnoître ACHILLE,
et luy marquer les tranfports de leur joye & de
leur amour. Troupe de Matelots danfants, Troupe de Theffaliennes , Troupe de Guerriers de
la fuite d'ULISSE.

ULISSE aux Theffaliens, en leur montrant ACHILLE.

Voyez à quel Heros les Dieux vous ont foumis.

> Les THESSALIENS paroiffent penétrez de
> refpect à la préfence de leur Roy.

Montrez-lui de l'amour : approchez fans contrainte ;
Ce n'eft qu'à vos feuls ennemis
Qu'il doit infpirer de la crainte.

C H O E U R S.

Ah ! quel bonheur de vivre fous les loix
Du Roy le plus charmant que le Ciel ait fait naître !
Qu'il eft aimé ! qu'il eft digne de l'être !
Si le fang, qui fonde fes droits,
Ne l'eut pas rendu nôtre Maître,
Il le feroit par nôtre choix.

PETIT CHOEUR.

Quand la Paix l'offre à nos regards,
Du Dieu du jour il a les charmes!

LE GRAND CHOEUR.

Si pour combattre il prend les armes,
Il aura la fierté de Mars.

PETIT CHOEUR.

Profitez des instants que lui laisse la Gloire,
Plaisirs, offrez-lui vos appas.

LE GRAND CHOEUR.

Des lauriers à la main, Bellone & la Victoire
L'engageront bien-tôt à voler sur leurs pas.

CHOEURS.

Ah! quel bonheur de vivre sous les loix
Du Roy le plus charmant que le Ciel ait fait naître!
Qu'il est aimé! qu'il est digne de l'être!
Si le sang, qui fonde ses droits,
Ne l'eût pas rendu nôtre Maître,
Il le seroit par nôtre choix.

UN

UN THESSALIEN.

Volez où vous attend la Gloire,
Meritez les lauriers que Mars veut vous donner:
L'Amour viendra vous couronner
Entre les bras de la Victoire.

UNE THESSALIENNE,
alternativement avec le petit Chœur.

La Tendresse
Dans un grand cœur,
Peut sans foiblesse
S'unir à la Valeur:

Quand la Gloire
Vient à parler;
A la Victoire
L'Amour le fait voler.

Dans Cythere,
Tous les Guerriers
Sont sûrs de plaire,
Parez de leurs lauriers:

Que de charmes,
Lorsqu'un Vainqueur
Quittant les armes,
Fait l'offre de son cœur!

E

ULISSE, à ACHILLE.

Tous vos vaisseaux sont prêts : la Grece vous appelle,
Balancez-vous encore à répondre à ses vœux ?

ACHILLE.

Ah ! mon cœur accablé d'une douleur mortelle,
Ne peut que soupirer d'un sort trop rigoureux.

FIN DU QUATRIE'ME ACTE.

ACTE CINQUIE'ME.

Le Théâtre repréfente le Port de l'Ifle de SCYROS,
et à la Rade, les Vaiffeaux Theffaliens cou-
ronnez de feftons, et prêts à faire voile.

SCENE PREMIERE.
ACHILLE.

Tirans imperieux, qui déchirez mon ame,
Terminez vos combats :
Gloire, Amour, ne pourai-je, hélas !
Accorder en ce jour mon devoir & ma flâme ?

Je fors du fang des Dieux, je fens par quels exploits
Je dois foutenir ma naiffance :
Mais, d'un tendre penchant la douce violence
Sur le cœur d'un Mortel prend-t'elle moins de droits ?

Tirans imperieux, qui déchirez mon ame,
Terminez vos combats :
Gloire, Amour, ne pourrai-je, hélas !
Accorder en ce jour mon devoir & ma flâme ?

E ij

Achille, l'Honneur parle ... oses-tu balancer ?
Au Destin qui t'attend, veux-tu donc renoncer ?
Tu soupires ! tes yeux laissent couler des larmes !
Non, non, ne rougis point de tes justes douleurs,
Forcé d'abandonner un Objet plein de charmes
    Un Heros peut verser des pleurs.

SCENE II.

ULISSE, ACHILLE.

ULISSE.

LOrsque tous vos Sujets font éclater leur zele,
Pourquoi vous dérober à leur empressement ?
    Pour un Roy, quel plaisir charmant
D'être l'amour d'un peuple & vaillant & fidéle !

Vous vous troublez ! vous craignez de me voir !
    Ce changement doit me surprendre.

ACHILLE.

Ulisse, vos discours ont un fatal pouvoir,
Je ne le cele pas, je crains de les entendre.

Tantôt par vos conseils trop pleins de cruauté,
    Je croyois mon ame affermie,
    J'ay porté ma témerité
    Jusqu'à revoir Deîdamie.

ULISSE.

O Ciel !

ACHILLE.

En quel état s'offre-t'elle à mes yeux !
Au bruit de mon départ quelles sont ses allarmes !
Touché par ses soupirs, attendri par ses larmes,
J'aime mieux m'immoler que de quitter ces lieux.

ULISSE.

Du genereux Achille est-ce donc le langage ?

ACHILLE.

Ah ! pourquoi m'avez vous tiré
De ces deserts obscurs, où j'étois ignoré ?
Mes funestes honneurs ne sont qu'un esclavage.

ULISSE.

Non, Seigneur, ne redoutez plus
Des discours importuns, des conseils superflus :

Dans l'Aulide assemblez, prêts à tout entreprendre,
Vingt Rois vous invitoient à cueillir des lauriers,
Mais, je cours anoncer à ces vaillants Guerriers,
Qu'ils ne doivent plus vous attendre.
Livrez-vous cependant à de tendres soupirs,
Goutez les doux attraits de ce séjour tranquile
Aux yeux de l'Univers montrez le jeune Achille
Enchaîné par l'Amour dans le sein des plaisirs.
Je pars.

ULISSE veut sortir du Théatre,
et ACHILLE l'arrête.

ACHILLE.

Non demeurez : ô Ciel ! quelle victoire
M'ordonnes tu de remporter !

ULISSE.

Le Ciel sait égaler la gloire
Aux pénibles efforts que nous osons tenter.

ENSEMBLE.

Amour, que sur les cœurs ton pouvoir est terrible !
Heureux, qui se refuse à tes traits dangereux ;
Des Heros les plus fiers l'effort le plus pénible
Est de triompher de tes feux.

ULISSE.

Gardez-vous de revoir l'Objet de vôtre flâme.

On entend un bruit de Timbales
& de Trompettes.

Minerve paroit à nos yeux :

Si la voix d'un Mortel ne peut rien sur vôtre ame,
Rendez-vous à la voix des Dieux.

SCENE III.

ACHILLE, ULISSE, MINERVE
qui defcend accompagnée de la Victoire & de Bellonne. Vulcain & les Cyclopes qui apportent
les armes d'Achille ; Troupe de Guerriers de la
fuite de la Victoire & de Bellone, Troupe de
Cyclopes danfants.

CHOEURS.

Timbales & Trompettes,
Que vos fons éclatants enflâment les grands cœurs :
Du Dieu Mars nobles interprêtes,
Embrafez les Heros des plus vives ardeurs.

MINERVE, à ACHILLE.

Minerve à tes yeux fe préfente,
La Grece a befoin de ton bras,
Arme-toi, ne differe pas,
La Gloire va t'ouvrir fa carriere brillante.

VULCAIN, portant le Cafque d'ACHILLE, entre fur le Théatre fuivi des Cyclopes, qui font le
Divertiffement avec les Suivantes de la Victoire
& de Bellone.

LA VICTOIRE ET BELLONE.

Volez, jeune Gurrier, volez dans les combats,
Nous ferons vos guides fideles;
Venez moissonner sur nos pas
Des palmes immortelles.

LA VICTOIRE.

Par nous le genereux Alcide
S'est ouvert le séjour des Cieux.

BELLONE.

La Gloire, d'une aîle rapide,
Eleve les Mortels, et les égale aux Dieux.

LA VICTOIRE ET BELLONE.

Volez, jeune Guerrier, &c.

Le Divertissement continue, Vulcain offre le Casque
à ACHILLE qui le prend, paroissant déterminé à
suivre les ordres de MINERVE.

ACHILLE.

Souvenir d'un bonheur trop doux,
Cessez d'entretenir ma honteuse foiblesse:
O Minerve, des Grecs genereuse Déesse,
Achille s'abandonne à vous.

Apperçevant DEIDAMIE.

Que vois-je?

SCENE

SCENE QUATRIE'ME & derniere.

DEIDAMIE, ACHILLE, ULISSE,
Et les Acteurs de la Scene précédente.

DEIDAMIE.

IL est donc vrai, qu'Achille m'abandonne ?
Je dois perdre la vie, et c'est lui qui l'ordonne,
Sur son cœur désormais je n'ai plus de pouvoir !

ACHILLE.

Ah ! jugez-en, voyez mon cruel desespoir :
La Grece est ma patrie, et sa voix qui m'appelle
Me force à partir de ces Lieux :
Hélas ! je vois en vain ce qu'exigent pour elle,
Mon honneur & l'ordre des Dieux ;
Les promesses de la Victoire,
Quand il faut vous quitter, ne m'offrent rien de doux,
J'en gémis ; mais enfin, si je trahis la Gloire,
Je ne suis plus digne de vous.

DEIDAMIE.

Non, vôtre cœur jamais n'a brûlé que pour elle :
Vous connoissez l'horreur de vôtre sort,
Quand un Oracle vous révéle,
Qu'aux Champs Troyens vous trouverez la mort,
Vous y volez : la Gloire a pour vous plus de charmes,
Que tout ce qu'à vos yeux présentoit ce séjour :

Une Amante, une Mere en larmes
Font parler vainement la nature & l'amour :
A nos tendres douleurs foyez impitoyable,
Puifqu'un trépas brillant vous femble un fi grand bien,
Allez braver des Dieux le coup inévitable...
Rempliffez vôtre fort... je termine le mien.

Elle fe frappe.

ACHILLE.

Quel fpectacle ?

Il tire fon épée et veut fe percer,
ULISSE le défarme.

Ah ! Cruels, vous prolongez mes peines.

DEIDAMIE.

De mes maux j'ay finy le cours...
Je ne fais plus qu'un vœu... Divinité d'Athenes,
Minerve, quand je meurs, prenez foin de fes jours.

FIN DU CINQUIE'ME ET DERNIER ACTE.

APROBATION.

J'AY lû par Ordre de Monfeigneur le Garde des Sceaux, ACHILLE ET DEIDAMIE, *Tragedie nouvelle ;* Et je crois que la Nobleffe du Sujet, et la maniere dont il eft traité, en rendront la Lecture & les Repréfentations agréables au Public. Fait à Paris, le dixiéme Fevrier mil fept cent trente-cinq.

Signé GROS DE BOZE.

www.ingramcontent.com/pod-product-compliance
Ingram Content Group UK Ltd.
Pitfield, Milton Keynes, MK11 3LW, UK
UKHW031803170726
13836UKWH00003B/1148